www.tredition.de

AF203086

Christine Lauscher

Durch die Brust ins Auge ins Herz

Gedichte, Geschichten
und
Gedanken

www.tredition.de

Verlag: tredition GmbH, Hamburg

ISBN
Paperback   978-3-8495-9951-5
Hardcover   978-3-8495-9952-2
e-Book   978-3-8495-9953-9

Printed in Germany

Christine Lauscher, Jahrgang 1971,

Klangmassagetherapeutin,

verheiratet und Mutter von 2 Kindern.

Brustkrebsdiagnose im Mai 2013,

Rehakur in Scheidegg im Allgäu Ostern 2014.

Hier entstanden die Gedichte und Geschichten im Rahmen der Verarbeitung.

www.klangraum-lauscher.de

Inhaltsverzeichnis

Stille

Stille stellt sich nicht einfach so ein.

Stille muss ich mir erarbeiten.

Mein Leben ist oft laut und voll –

Stille passt selten hinein.

Stille auszuhalten lerne ich noch.

Auch in der Stille lebe ich doch,

und schließlich

nur durch sie.

Danke, dass ich still sein darf.

Sommerwiese – Acryl-Spachteltechnik 2014

Bunt

Meine Lieblingsfarbe ist jetzt bunt.

Eine Weile war alles nur eine Abstufung

von Grau.

Grau glich trostlos.

Ich habe das Grau herausschneiden lassen.

Darunter kam ein wunderschönes Bunt

zum Vorschein.

Das Bunt leuchtet jetzt so aus mir heraus,

dass es auch die anderen sehen können.

So macht es nicht nur mich zu

einem glücklicheren Menschen.

Ich wünsche es jedem,

bunt zu sein.

14

Krebsgedanken

Krebs:
Groß, schwarz, beängstigend

Ich:
Klein, hilflos, verängstigt

Krebs:
Chance, Veränderung, Hoffnung

Ich:
Mutig, kämpferisch, tapfer

Krebs:
Operation, Chemo, Bestrahlung

Ich:
Bewussteres Leben, neue Erfahrungen,
Gleichgesinnte

Ich:
Krebsfrei, angstfrei, frei zum Leben zurück zu
finden.

Reha für außen und innen.

Tschüs, Krebs!

Danke, Krebs!

Sorgensack

Ich

habe heute Morgen meinen

Sorgensack

gepackt.

Unten

hinein tat ich die größte von ihnen,

damit sie es da schön

dunkel

hat.

Damit sie auch niemand so leicht sichtet,

hab ich noch trübe Gedanken

darüber geschichtet.

Zum Schluss

weinte ich noch ein paar bittere Tränen.

Der Sack

wiegt schwerer, als ich dachte.

Ich glaub,

ich lass ihn einfach

stehen.

Auf (Nimmer-) Wiedersehen

-ung / -keit

Übel keit

Verzweifl ung

Traurig keit

Behinder ung

Antriebslosig keit

Befürcht ung

Müdig keit

Erwart ung

Ausweglosig keit

Berat ung

Tapfer keit

Entwickl ung

Entspann ung

Verwandl ung

Hoffn ung

Dankbar keit

Zufriedenheit

Was ist es, das mich zufrieden macht?

Ist es die Ruhe in der Nacht?

Ist es das erste Tageslicht?

Ein lieber Mensch, der mit mir spricht?

Was ist es, das mich zufrieden macht?

Ist es ein Kind, das gerade lacht?

Ist es die Arbeit, all das, was ich tue?

Ein schönes Buch, gelesen in Ruhe?

Was ist es, das mich zufrieden macht?

Ist es das Essen und Trinken?

Sind es Geldscheine, die mir winken?

Ist es Natur, die mich beglückt?

Ein lieber Mensch, der mich mal drückt?

Ich glaube, die Öffnung zum Frieden hin,

wäre schon mal ein guter Beginn.

Nur wer sich öffnet, wird empfangen
und dadurch Zufriedenheit erlangen.
Zufriedenheit lässt sich nicht erzwingen –
Ihr aber im Herzen den Platz freizulassen,
das möge mir und dir gelingen.

An Wunder glauben

Ich möchte nochmal –

wie damals als Kind –

an Wunder glauben können.

Ich möchte staunen –

mit offenen Augen und offenem Herzen

Wunder erwarten.

Denn dann

könnten sie ja geschehen –

man wird sehen!

Glaube, Hoffnung, Liebe – Engelcollage 1
Acryl-Spachteltechnik 2014

Über mich

Was würde man über mich sagen
- würde ich fragen?

Vielleicht würde man sagen,
die ist ja ganz nett,
die kann gut zuhören,
lacht viel und unbefangen,
kann auch beim Essen mal zulangen –
genießt, was zu genießen ist,
hat eine gute Portion Humor
und nimmt sich nur das Gute vor,
ist immer für die anderen da,
und was sie liebt, das liebt sie richtig.

Was ich über mich sage,
ist die Frage?
- Ist das noch wichtig?

Wetterumschwung

Nach jedem Wolkenbruch

reißt der Himmel

wieder auf.

Die Luft ist gereinigt,

klarer als vor dem großen Regen.

Der Nebel verzieht sich,

und die Sonnenstrahlen

ermuntern mich wieder,

mich zu bewegen.

Bewegung ist Leben,

Stillstand ist Tod.

Ich will noch lange Sonnenstrahlen fangen!

Langeweile

Ich hatte eine Weile lang
Langeweile –
mir wurd's bang,
denn lange Langeweile haben,
ist für mich nicht förderlich,
da langweil' ich mich fürchterlich.

Gib mir einen Stift und Papier dazu –
ich schreib ein Gedicht -
Langeweile gibt's gar nicht!

Blick in den Abgrund

Ich war auf dem Weg,

er war holprig und schwer,

er war steil, er war dunkel,

doch musst' ich ihn gehen,

denn ich wollte einmal

in den Abgrund sehen.

Ich dachte, wenn ich es freiwillig tu,

dann schreckt es mich nicht mehr,

dann hab ich Ruh.

Also ging ich, den Kopf mit Gedanken voll

über Berge und Steine und auch über Brücken –

oft war es beschwerlich und gar nicht toll –

ich merkt' es in den Beinen und auch im

Rücken.

Aber nun war ich schon auf dem Weg –

ich musste ihn gehen, denn ich wollte ja in

meinen Abgrund sehen.

Da war er plötzlich –

tat sich vor mich auf.

Ich wusste, dass ich ihn nicht verfehle.

Ich blickte noch ängstlich mitten hinein –

in das Spiegelbild meiner Seele.

Da flogen Schmetterlinge heraus.

Specksteinskulptur 2014

Richtungswechsel

Das Leben läuft nicht nur geradeaus —

das Leben macht Kurven und schlägt Haken.

Es wechselt die Richtung —

es führt dich fort.

Mal führt's dich auch an 'nen dunklen Ort.

Ein anderes Mal stehst du auf ner Lichtung.

Ich hab's ja gesagt -

es wechselt die Richtung.

Und

wenn es dich vor eine Mauer führt,

pack die Strickleiter aus

und steig' drüber!

Gemeinsam

Betrachtet man das Wort

GEMEINSAM

kann man viel darin entdecken.

Teilt man es auf, kann

gemein

darin stecken.

Auch das kleine

mein

kann ich in gemeinsam sehen.

Aber auch

einsam

kommt darin vor.

Doch einsam sollte niemand sein.

Der den Samen erfand –

lässt uns gemeinsam sein.

In Gemeinschaft gehen wir auf.

Risikobereitschaft

Hol doch aus Deiner Wundertüte
die Lebenslust und Freude heraus.
Ganz sicher findest Du,
wenn Du suchst,
den Humor noch dazu.
Wenn Du dann alles gefunden hast,
dann nimm es 3 mal täglich ein.
Aber bedenke,
die einzige Nebenwirkung,
die auftritt,
sind Lachfalten.
Ist das Risiko zu groß?

Surrender – Acryl-Spachteltechnik 2014

ERlebnispädagogik

Wer hat es uns vorgemacht?

ER

Was hat ER uns vorgemacht?

LEBEN

Lasst uns mit IHM das LEBEN erleben –

pädagogisch SINNVOLL

Mein Leben – oder kleine und große Momente

Es gibt Momente im Leben,

da verlier ich die Lust,

dann sitz' ich nur da und habe Frust –

aber niemand ist da und hört zu.

Es gibt Momente,

da fühl ich mich unendlich klein,

dann kann ich nichts tun,

denn ich bin allein

und niemand ist da, der mich hält.

Es gibt Momente,

da fällt das Weiterleben schwer,

da bin ich verzweifelt und will nicht mehr,

weil alles so ausweglos scheint.

Es kam der Moment

In meinem Leben,

da spürte ich –

alles wird gut!

Gott wollte mir seine Liebe geben.

Ich fasste neuen Lebensmut!

Ich muss ja nur daran glauben.

Carpe diem

Carpe diem – nutze den Tag –
das hat mal ein schlauer Mensch gesagt.
Doch wie man das macht,
das stand nicht dabei.
Manchmal braucht es Kraft
oder gar Zauberei?

Carpe diem – nutze den Tag –
ein jeder für sich –
halt ganz, wie er's mag.
Und frage ich mich –
wie ist es bei mir?
Nun –
ich nutz den Tag
am liebsten mit
DIR!

Wollknäuel

Das Leben ist ein Wollknäuel –

mal ist es lang,

mal kurz,

mal voller Knoten,

mal glatt,

mal dick, mal dünn,

mal bunt, mal schwarz,

mal weich, mal hart,

aber

immer hat's zwei Enden.

Ich würd'-

könnte ich stricken-

das Schönere verwenden

und würd' es

Anfang nennen.

Ratschlag

Änder' dein Leben,
noch
hast du die Zeit.
Leb deine Träume,
sei
zu allem bereit.
Erfinde neue Flügel
und
fliege davon.
Es ist wunderschön –
ich mache das schon!

„Life goes on" – Acryl-Spachteltechnik 2014

Sortiermaschine

Ich hätte gerne eine Sortiermaschine

für meine Sorgen und Ängste.

Ich könnte sie einfach oben hineinfüllen –

und die Maschine würde alles ordentlich

in kleine Fächer einsortieren.

Täglich könnte ich zu ihnen gehen,

sie ansehen und pflegen.

Nur würde darüber das Leben vergehen,

und ich könnte

die Sonne nicht mehr sehen.

Ich glaub' – ich entscheid' mich für's Leben!

So nicht!

Sei nicht egoistisch –

sei großherzig.

Sei nicht böse –

sei gutmütig.

Sei nicht feige –

sei demütig.

Sei nicht ängstlich –

sei vertrauensvoll.

Sei nicht mutlos –

sei getröstet.

Sei nicht artig –

sei großartig.

Sei dankbar.

Sei in Gottes starker Hand!

Du kannst nicht tiefer fallen!

Der Riese und die Lebensblume

Auf meiner großen Lebenswiese
stand meine rote Lebensblume.
Eines Tages, kam ein Riese und trampelte
darauf herum.
Ich schrie – ich wollte ihn verjagen –
ich lief hin – er sah mich nicht.
Ich wollt ihm meinen Kummer sagen –
doch
auch hören konnt' er nicht.
So Riesen sind halt manchmal dumm.
Als ich zu meiner Blume kam,
da lag sie ganz am Boden.
Ich hob die Einzelteile auf
und
als ich mich bei ihr bedankt hab' –
pflanzte ich 'ne Neue.

Ein doofer Riese schafft es nicht,

dass ich mich nicht mehr freue!

Da kann er lange warten.

ÄTSCH!!!

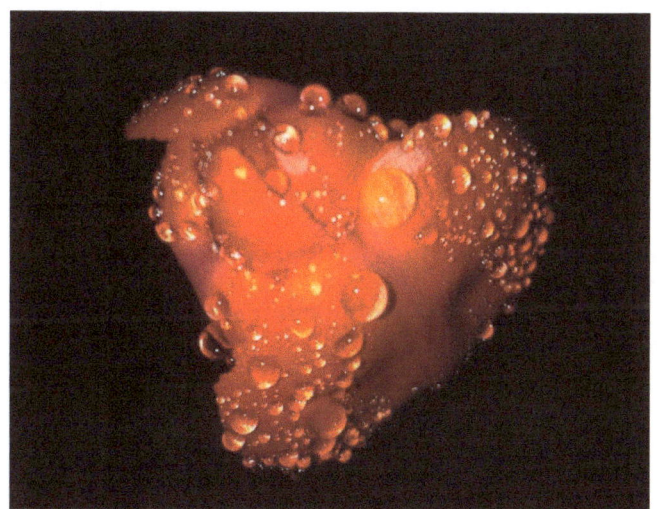

Überraschung

Auf dem Zug, der Leben heißt,

fahre ich zurzeit ganz schnell.

Wenn er bremst, dann wird es dunkel,

doch ich mag es lieber hell.

Plötzlich kommt ein langer Tunnel

und die Luft, die wird ganz schwer –

ach käme doch von irgendwo –

das altbekannte Lichtlein her!

Doch leider herrscht hier Stromausfall.

Bin ich auf mich allein gestellt?

Ist hier denn wirklich keiner?

Hätt gern noch ein Getränk bestellt –

bevor ich leise weine.

Doch was ist das?

Wen hör ich da?

Wer hat nach mir gerufen?

Ein Engel – das ist wirklich wahr –

steht vorne an den Stufen.

Ich geh zu ihm und frage ihn:

„Was soll ich denn jetzt machen?"

Da nimmt er mich fest in den Arm

und fängt an laut zu lachen –

und fliegt mit mir auf und davon.

Ich sag: "Ich brauch dazu doch Flügel!"

Darauf sagt er: „Die hast Du schon!"

Wer hätte das gedacht?!

Auf und davon –
Engelcollage 2

Acryl-Spachteltechnik
2014

Erkenntnis

Heute habe ich tief
in mein Innerstes
geschaut, und Dir
erzählt,
was ich da sah.
Die Mauer, die da immer war,
die hab ich eingerissen.
Kein Schutzwall –
gar nichts war mehr da –
erst fühlt' ich mich beschissen.
Doch dann atmete ich auf.
Ich blickte zu Dir hoch
und Du?
Du warst genauso nackt wie ich
und nahmst mich in den Arm.
Ich musst' mich nicht verstecken.

Verwandlung

Um meine Seele zu befreien,

muss

aus der alten Haut ich raus.

Ich muss hinein

in eine Neue,

die wieder passt.

Es ist soweit –

ich will keine Raupe bleiben,

weil

Raupen ohne Flügel sind

und

so den Himmel nie erreichen.

Als Schmetterling –

da schaff' ich das!

Schneckenhaus

Betrachtet man ein Schneckenhaus,

so kann man es kaum glauben,

dass es arme Menschen gibt,

die Schnecken Häuser rauben.

Das glaubst Du nicht?

Das sag ich Dir,

das hab ich selbst erlebt –

das ist für sie der Rückzugsort –

sogar der Eingang ist verklebt.

Da ist es immer dunkel.

Ich habe mit ihnen Mitleid gehabt,

sanft die Schale geknackt –

und siehe da –

sie konnten das Licht wieder sehen.

Komm sammle mit mir arme Schnecken!

Leben ohne Aufschub

Wenn Dein Leben einen
Dämpfer bekommt,
wenn plötzlich
alles anders ist,
dir die Zeit wegrennt
und du anders planen musst –
dann rate ich dir –
mach es einfach!
Verschiebe nichts!
Lebe, liebe, lache heute –
du weißt nicht, was morgen ist.
Du weißt nur, ob du
heute glücklich bist.

Pass gut auf dich auf!

Nachwort

Ich möchte mich bei allen Menschen bedanken, die mich durch das letzte Jahr begleitet haben.

Dazu zählt auch meine Frauenärztin
Frau Dr. med. M. Harm – Zazi in Wuppertal, die mich nach der Diagnose in die kompetenten Hände der Praxis Dr. M. Rezai in Düsseldorf überwiesen hat

Außerdem danke ich Frau Dr. T.Schaper und Frau S. Uysal, die mich innerhalb der Adapt – Studie betreut haben und Frau B. Gross, die immer ein offenes Ohr für mich hatte. Ich danke Schwester Gerda – keine piekst den Port so behutsam an wie sie.

Meine Bestrahlungen bekam ich in der radprax Wuppertal. Auch hier wurde ich bestens betreut.

Desweiteren gilt mein Dank meiner Familie und den Freunden, die mir die Zeit bis heute erleichtert und verschönert haben. Hier danke ich besonders Dagmar R, die mich jeden Morgen im Krankenhaus mit einer netten Nachricht über Whats-App aufgemuntert hat und Anja W., die am Tag der Diagnose im Wartezimmer auf mich gewartet hat.

Ich danke meiner Freundin Heike W-S, in deren Haus wir schon vor Beginn der Chemotherapie umziehen konnten und meinem Mann Cristian, der mir bei diesem Buchprojekt die Computerei abgenommen hat und alles rund um den Krebs mit einer bewundernswerten Gelassenheit mit mir durchgestanden hat.

Dank auch dem Team der Paracelsus-Klinik in Scheidegg im Allgäu.

Zu guter Letzt danke ich Steffi W, die das gleiche Schicksal mit mir teilt, und alles ein Jahr zuvor durchgestanden hat. Sie war und ist mir ein Vorbild in Tapferkeit und steht mir immer mit Rat und Tat zur Seite.

Und danke auch für die vielen tollen Menschen, die ich während der Erkrankung kennengelernt habe - Elvira, Gabi, Ruth, Silvia, Sylvia, Petra und Monika.

Danke, danke, danke, ohne Eure Unterstützung wäre es nicht so gut gelaufen.

Christine Lauscher

Wuppertal im September 2014

Zeitfracht Medien GmbH
Ferdinand-Jühlke-Straße 7
99095 Erfurt, Deutschland
produktsicherheit@kolibri360.de